DES PROCHAINES

ÉLECTIONS

AU

CORPS LÉGISLATIF

par

A. TATTET.

Dédié aux Electeurs du canton de Mormant (Seine-et-Marne).

MELUN, TYPOGRAPHIE A. HÉRISÉ, RUE DE BOURGOGNE, 23.

1868

rait fâcheux qu'il en fût encore de même pour le scrutin qui va bientôt s'ouvrir. La loi du 6 juin 1868 autorise, malgré les obstacles dont elle les a entourées, les assemblées électorales préparatoires. Sachons donc user du peu de liberté que l'initiative de l'Empereur a su obtenir du Corps législatif. Formons des réunions dans chaque canton, invitons les candidats à s'y présenter, arrêtons à l'avance le programme des questions que nous aurons à leur adresser, obligeons-les, s'il le faut, par des interrogations nettes et précises, à sortir du vague dans lequel ils aiment à s'envelopper; refusons résolument nos suffrages à celui qui ne nous aurait pas trouvés dignes de sa présence et de ses explications; alors nous pourrons juger nous-mêmes du mérite des candidats que nous aurons interrogés et entendus, et notre vote libre et raisonné ne sera plus l'œuvre du hasard, de l'intimidation ou de l'intrigue. Dans de pareilles circonstances, chaque électeur, quelque modeste que soit sa position, a le droit d'attirer l'attention de ses concitoyens sur le choix qu'ils vont être appelés à faire; c'est ce qui m'encourage à prendre la parole et à vous soumettre, Messieurs, quelques réflexions à ce sujet.

I.

Le rôle des membres du Corps législatif est complexe. Ils sont avant tout les représentants de la France, mais chacun d'eux est en même temps le mandataire spécial de ceux qui l'ont nommé, et a pour mission et pour devoir de défendre leurs droits et leurs intérêts, en tant qu'ils ne sont pas en opposition avec l'intérêt national. De là deux natures de questions à adresser aux candidats : les questions que j'appellerai locales, c'est-à-dire qui touchent aux intérêts particuliers de la circonscription dont il sollicite les votes, et celles dont la solution intéresse le pays tout entier. Je ne parlerai pas des premières, car chacun est le meilleur juge de ce qui le concerne. Je préfère passer de suite à quelques questions d'une importance générale, questions que je n'ai nullement la prétention de résoudre, mais que je crois utile d'exposer en laissant à chaque électeur le soin de conclure. Du reste la solution que j'en pourrais donner importe peu ; c'est celle des candidats qu'il nous est nécessaire de connaître, puisque l'un d'eux doit devenir notre représentant, c'est-à-dire doit, pendant six ans, parler, agir et voter en notre nom. C'est donc à eux seuls à répondre. Simple électeur, je ne veux poser que des interrogations.

Ainsi, qu'il soit bien entendu que je n'ai ni la pensée ambitieuse de rendre une décision sur les sujets que je vais traiter, ni la prétention de désigner celui sur lequel doivent se porter les suffrages. Mon but a été de présenter les faits dans toute leur sincérité, d'inviter les électeurs à en déduire eux-mêmes les conséquences, de les aider, en un mot, dans l'examen auquel doit se livrer tout homme intelligent, au moment où il a un avis à donner ou un choix à faire.

Je parlerai d'abord de la question romaine.

II.

Personne n'ignore que le résultat de la campagne d'Italie a été de réunir en un seul royaume cette vaste contrée, qui était jadis partagée en sept gouvernements différents. Je ne reviendrai pas sur la manière dont se sont accomplies ces annexions, dont la dernière, celle de la Vénétie, date de 1866. En ce moment il n'y a plus sur la terre italienne, en face du roi Victor-Emmanuel, d'autre souverain que le Pape, à qui les événements ont enlevé déjà les trois quarts de son territoire, et dont les Etats se réduisent à la ville de Rome et à sa banlieue, c'est-à-dire à l'étendue d'un département français. La possession de cette petite enclave est vivement désirée par l'Italie, car tant qu'elle n'en aura pas fait la conquête, l'existence du nouveau royaume ne sera pas assurée. En effet, chacune des anciennes capitales des pays qui composaient l'Italie, Turin dans le Piémont, Milan dans la Lombardie, Florence dans la Toscane, Naples dans les Deux-Siciles, se dispute l'honneur de devenir la capitale de l'Italie unifiée. Leur rivalité, conséquence des longues guerres qui les ont divisées autrefois, est pour le gouvernement italien une source de difficultés et d'embarras ; à chaque instant il craint de voir se briser le lien au moyen duquel il a su les réunir sans être parvenu à les réconcilier. Mais toute dissidence cesserait si Rome, jadis la maîtresse du monde civilisé, aujourd'hui la métropole de la religion catholique, était proclamée capitale de l'Italie ; car ces villes comprennent que, devant ces grands souvenirs et cette haute position, toutes les divisions doivent s'effacer, toutes les prétentions doivent se taire. Rome, qui ne peut donner à l'Italie aucune force matérielle, lui apporterait donc une immense force morale. Les Italiens le sentent bien ; aussi, depuis 1859, la possession de Rome a été le but de tous leurs vœux et de toute leur politique. Fatigués de l'attendre, ils ont, au mois d'octobre dernier, lancé Garibaldi sur le territoire romain, espérant qu'il recommencerait l'expédition des Deux-Siciles qui, en 1860, eut pour résultat la conquête de ce royaume. Mais l'entreprise a échoué devant le courage de nos soldats, la résistance des troupes pontificales et l'indifférence des habitants, qui ont préféré rester sous le gouvernement du Pape, quelque défectueux qu'il soit, plutôt que de passer sous le gouvernement anarchique et fiscal de Victor-Emmanuel. L'armée italienne, qui avait timidement suivi le corps des volontaires irréguliers, sous prétexte de rétablir l'ordre, a dû, sur l'injonction de la France, évacuer en toute hâte le territoire qu'elle avait occupé, et nos soldats, armés du fusil Chassepot, ont repris, devant le palais du Saint-Père, la faction qu'ils montaient auparavant, armés du fusil à baguette. Nous voici de nouveau dans la position que la Convention de septembre avait essayé de faire cesser, défendant de nos armes et de notre argent un gouvernement qui, fort de sa faiblesse, ne répond à nos plus justes demandes que par des refus systématiques et dédaigneux, contre un autre gouvernement qui, lui aussi, n'existe que par les sacrifices de la France et qui ne les a reconnus que par l'ingratitude et la trahison (*).

(*) Au moment où notre corps d'armée s'embarquait à Toulon pour courir à la défense des Etats-Romains (novembre 1867), le gouvernement italien envoyait à Berlin un de ses généraux solliciter, contre la France, l'alliance et le concours de la Prusse.

Combien de temps encore resterons-nous dans cette position et comment en sortirons-nous ?

Il n'existe, ce me semble, que trois manières de régler cette question difficile :

1º Déclarer que, quoiqu'il arrive, la France doit persister à protéger le Pape envers et contre tous, soit en continuant à occuper ses Etats, soit en envoyant une flotte et une armée, dès que son trône sera menacé par une attaque extérieure ou une émeute de ses propres sujets.

2º Permettre à l'Italie de s'annexer encore les Etats-Romains, dans l'espoir de trouver enfin en elle une alliée fidèle et reconnaissante.

3º Sortir de Rome ; laisser les Romains libres, comme tous les autres peuples, de régler la constitution de leur gouvernement intérieur, en déclarant que l'entrée d'un soldat italien sur le territoire pontifical sera considérée comme une déclaration de guerre à la France.

Examinons successivement ces trois points.

La prolongation de la situation actuelle offre de graves inconvénients : elle est en désaccord avec la conduite traditionnelle de la France qui s'est toujours opposée aux interventions étrangères, et qui n'a entrepris la campagne de 1859, du moins s'il faut en croire la parole de l'Empereur, que pour faire cesser celle que l'Autriche exerçait en Italie. C'est pour soustraire cette contrée à l'influence autrichienne, c'est pour l'affranchir des garnisons autrichiennes qui occupaient Ancône, Parme et Modène, c'est pour faire cesser l'oppression que les petits gouvernements italiens, soutenus par les armes autrichiennes, faisaient peser sur leurs sujets, que nous avons combattu et versé des torrents de sang à Magenta et à Solferino, et voici que nous faisons exactement ce que nous avons si longtemps reproché aux autres. La France a-t-elle donc plus de droits que l'Autriche de mettre garnison en Italie et de contenir des peuples dans l'obéissance et la soumission ?

Je ne parlerai pas des sommes considérables que cette intervention nous coûte chaque année ; mais pouvons-nous songer sans une douloureuse appréhension aux périls auxquels sont exposés 12,000 de nos soldats, séparés de leur patrie, entourés d'une armée et d'une population qui peuvent les attaquer dans un moment où il nous serait difficile de les secourir et qui, vu leur petit nombre, ne pourraient opposer aux assaillants qu'une courte et glorieuse résistance. Enfin je ne puis m'empêcher de faire remarquer le singulier rôle joué en cette circonstance par le gouvernement français, qui, en toute occasion, ne manque pas de proclamer hautement ses idées progressives et libérales, et qui, en même temps, emploie le sang de ses soldats et l'argent de ses contribuables à maintenir un souverain qui (quelles que soient d'ailleurs ses lumières et ses vertus personnelles) est le symbole de l'immobilité dans ce qu'elle a de plus complet, du despotisme dans ce qu'il a de plus absolu ; un souverain dont les idées sont tellement opposées aux opinions les plus modérées de la France que notre Conseil d'Etat se voit obligé d'interdire la publication de ses doctrines et donne ainsi une preuve éclatante du dissentiment qui règne entre le protecteur et le protégé ; un souverain qui n'ose confier à ceux qu'il gouverne ni un sabre, ni un fusil pour défendre sa personne et son administration, et qui n'existe enfin que par les secours qu'il reçoit de l'étranger.

Si, au contraire, faisant succéder à une protection efficace et énergique l'indifférence et l'abandon, nous laissons le roi Victor-Emmanuel ajouter l'annexion des Etats-Romains à toutes celles qu'il a déjà accomplies, et faire de Rome sa capitale, nous achevons l'unité de l'Italie ; nous constituons à côté de nous une nation puissante, impatiente de s'affranchir de notre tutelle, qui aura sa politique, ses intérêts le plus souvent opposés aux nôtres, qui nous haïra de toute la haine de l'obligé envers son bienfaiteur, et que nous avons bien plus de chances de rencontrer comme adversaire que comme alliée. Agir ainsi, ne serait-ce pas fortifier encore un voisin que nous avons rendu déjà trop redoutable, et nous créer pour l'avenir de véritables dangers ? Si encore nous pouvions espérer par cette dernière complaisance, satisfaire ce gouvernement insatiable ; mais rien n'est moins certain. Après avoir reçu de nous la Lombardie, il lui a fallu la Toscane, Parme et Modène, puis Naples et la Sicile, puis les trois quarts du territoire pontifical, puis Venise que lui a donnée la Prusse. Aujourd'hui il réclame la possession de Rome, demain il voudra nous reprendre Nice et la Savoie qu'il nous a cédées, peut-être la Corse achetée par Louis XV au siècle dernier. N'est-il pas temps d'arrêter enfin une ambition que les plus grands succès n'ont fait qu'exciter davantage ?

Reste le troisième moyen : Sortir des Etats-Romains en empêchant l'Italie d'y entrer, en lui défendant d'y envoyer un soldat, eût-elle pris soin de le déguiser en volontaire garibaldien, en lui persuadant que nous répondrons à ses agressions contre Rome par des agressions contre Turin et Milan, et à l'occupation des Etats de l'Eglise par l'occupation de ses provinces du nord, en *neutralisant* enfin (pour employer les termes diplomatiques), le territoire pontifical contre l'Italie, comme l'Europe a neutralisé la Belgique et la Suisse contre la France. Certes, une telle conduite n'aurait rien que de strictement conforme aux droits des gens, à la justice et à l'équité, car ce n'est pas opprimer une nation que de l'empêcher de conquérir les états faibles qui l'entourent. Cette conduite du reste est celle que l'Europe a suivie envers nous : lorsqu'en 1832 les Belges, secouant le joug des Hollandais, ont voulu se réunir à la France, elle s'est opposée à cette annexion, et nous avons été obligés de nous soumettre à son arrêt.

Quels avantages cependant nous procurerait l'adoption de ce système ? On peut les énumérer en peu de mots : ce serait d'abord une économie annuelle de 20 millions dans nos finances, car c'est à peu près à cette somme que s'élèvent les frais de notre occupation ; nous y trouverons encore le bénéfice d'une légère diminution dans notre effectif militaire ; nos soldats seraient, en France, toujours prêts à servir leur pays avec la même ardeur, mais soustraits aux périls que leur isolement leur fait courir, périls que leur courage leur permet sans doute de dédaigner, mais auxquels la prudence ne nous permet pas de les exposer inutilement ; enfin, nous n'offririons plus au monde le triste spectacle de contenir par la force un peuple dont tous les désirs et tous les vœux se bornent à demander, pour lui-même, les institutions et les lois qui nous régissent. Mais il ne faut point nous faire d'illusion, que notre armée soit campée sous les murs de Rome, ou que, rentrée en France, elle soit prête à défendre de tout envahissement étranger le territoire pontifical, nous n'en sommes pas moins assurés de l'éternelle hostilité de l'Italie, hostilité aujourd'hui impuissante, mais qui pourrait devenir redoutable si, attaqués un jour sur le Rhin, il fallait encore nous défendre sur les Alpes.

Ainsi, quelle que soit la solution qu'on adopte, aucune n'est exempte d'inconvénients ; c'est le propre des mauvaises situations. Comment en pourrait-il être autrement ? Lorsqu'un gouvernement a commis la faute de se faire le champion d'un souverain dont les principes politiques sont en désaccord avec ceux de toutes les nations civilisées, lorsqu'à cette première faute il a ajouté, celle plus lourde encore, d'employer les forces et l'influence dont il dispose à créer à son protégé un ennemi acharné et puissant, il serait extraordinaire qu'il pût se retirer sans encombre d'une pareille position.

Entre ces trois partis, c'est à chaque électeur à choisir celui qu'il croira le moins préjudiciable aux intérêts du pays. Il est essentiel que, sur cette question romaine et italienne, les candidats nous fassent connaître leur opinion, car cette opinion est appelée à se traduire au Corps législatif par des votes qui peuvent engager l'avenir de notre pays. Ce n'est qu'après les avoir entendus que notre choix pourra s'exercer d'une manière conforme à nos idées et à notre propre sentiment.

On remarquera peut-être que, dans ce trop long exposé, je n'ai pas fait la moindre allusion à la question religieuse. Ce n'est pas que je méconnaisse son importance, mais c'est qu'une discussion sur ce sujet me paraît aussi stérile qu'inefficace. Quelle concession peut-on espérer obtenir de celui qui, pour toute réponse, allègue la ferveur de ses croyances ? Quel raisonnement opposer à celui qui estime que la prière qu'il adresse au Créateur ne sera pas entendue de lui s'il n'existe pas un homme ayant le titre de Pape, souverain absolu d'une ville qui s'appelle Rome. En vain vous faites appel à sa raison, il ne veut d'autre guide que sa foi, deux sentiments exclusifs l'un de l'autre. Pour lui, la défense de la capitale du christianisme passe bien avant celle de la capitale de sa patrie. Nous savons à l'avance que nous ne changerons pas ses convictions, et la meilleure preuve que nous puissions lui donner du respect qu'elles nous inspirent, c'est de ne rien dire pour essayer de les ébranler.

III.

La loi du 1er février 1868 a augmenté dans une proportion considérable les forces militaires de la France, car elle a porté la durée du service de sept à neuf années, et créé une armée nouvelle qui, sous le nom de *Garde nationale mobile*, doit donner 550,000 combattants. Le Gouvernement pourra donc bientôt disposer de 1,300,000 soldats, nombre qui n'a jamais été atteint à aucune époque de notre histoire, même sous le règne de Napoléon Ier, au moment où le drapeau tricolore flottait en même temps à Madrid, à Berlin et à Moscou, et où la France comptait cent trente départements au lieu des quatre-vingt-neuf qu'elle renferme aujourd'hui.

Nous n'avons pas à rechercher si cette loi, qui élève la durée du service en temps de guerre pour la diminuer de deux années en temps de paix, est une charge ou un avantage pour les populations ; elle est aujourd'hui votée, et notre devoir est de lui obéir puisqu'elle a été acceptée par nos représentants, et que le Corps législatif lui-même n'a plus le droit d'en proposer l'abrogation et le changement. Le temps du service militaire, l'appel des réserves sont dans la constitution de l'armée des éléments qui échappent aux députés; nous n'avons donc point à les interroger sur ce sujet. Mais le chiffre du contingent est resté soumis à leur contrôle : nous pouvons donc leur demander si ce chiffre annuel de 100,000 hommes leur paraît toujours nécessaire, maintenant que la durée du service a été considérablement augmentée; nous pouvons leur demander, aujourd'hui que tous les jeunes gens qui ne sont point incorporés à l'armée active entrent dans la garde mobile et contribuent, par conséquent, en cas de guerre, à la défense du pays, s'il ne leur semble pas utile de le restreindre dans une certaine mesure ; ou bien, si au contraire l'état de l'Europe toujours menaçant, et les immenses armements faits par les nations voisines, ne nous obligent pas à le maintenir dans son intégrité. Examinons donc les motifs qui peuvent guider notre jugement sur cette difficile question.

Après avoir créé et encouragé l'unité de l'Italie, l'Empereur a commis la fatale imprudence de permettre l'agrandissement de la Prusse et l'unité de l'Allemagne. Il suit de là qu'au lieu d'avoir à notre frontière du S.-E. un petit royaume, le Piémont, qui comptait à peine quelques millions d'habitants, des duchés sans importance, comme Parme, Modène et la Toscane, deux grandes provinces possédées par les Autrichiens, mais toujours prêtes à se lever contre leurs maîtres à la première apparition de notre drapeau, nous avons, comme je l'ai dit plus haut, un grand Etat, en proie en ce moment au désordre et au déficit, mais qui, tel qu'il est, peut mettre sur pied 200,000 soldats, et à qui il ne manque que la possession de Rome pour devenir une des grandes puissances de l'Europe. A notre frontière du N.-E. au lieu du royaume de Prusse qui renfermait 18,000,000 d'habitants, au lieu des petits Etats divisés et impuissants, qui formaient la Confédération germanique, nous avons la Prusse agrandie, réunissant sous son autorité presque toute l'Allemagne, c'est-à-dire une nation égale à la France par sa population, sa richesse, son étendue, son intelligence et ses aptitudes militaires, assurée de l'amitié de l'Italie dans toutes les difficultés qui peuvent se produire, flattée par la Russie qui recherche son alliance, redoutée de l'Autriche qu'elle a vaincue et dépouillée, et qui est devenue pour nous un voisin formidable et menaçant. Notre position a donc été complétement modifiée par les événements accomplis dans le courant de l'année 1866. On peut blâmer énergiquement la politique qui a amené cette situation, mais les plaintes et les récriminations ne la changeront pas. Il n'est donc pas douteux que le nombre de soldats qui suffisait, il y a deux ans, à assurer la sécurité et l'indépendance de la France, ne peut plus les lui garantir aujourd'hui d'une manière aussi efficace.

La sécurité et l'indépendance assurées, tel est cependant le premier besoin des nations comme des individus, et le peuple qui en serait privé périrait bientôt sous l'anarchie, l'oppression ou la conquête. Mais si nous avons le droit d'exiger de notre gouvernement qu'il nous procure ces deux bienfaits, nous devons lui fournir les moyens nécessaires pour les obtenir. La sécurité intérieure et individuelle est assurée par la police, la gendarmerie, les tribunaux, et chaque membre de la société, injustement attaqué dans sa personne ou dans ses biens, est certain d'obtenir l'aide et la protection de l'autorité ou, tout au moins, la punition du coupable. La sécurité extérieure et générale, dans cette fièvre de guerre qui agite en ce moment l'Europe, ne peut être assurée que par une armée nombreuse et fortement organisée. Il faut, en effet, pour qu'une nation se fasse respecter, qu'elle trouve en elle-même tous ses éléments de défense, car, injustement attaquée, elle n'a au-dessus ni en dehors d'elle, ni tribunal à invoquer ni force publique qui la protège. Elle est donc obligée d'entretenir sous les armes un nombre de soldats proportionné à celui des puissances qui l'entourent.

D'un autre côté, le service militaire, tel qu'il existe aujourd'hui, est l'impôt le plus lourd que nous ayons à supporter. Il frappe surtout les campagnes, et il est une des principales causes de cette diminution d'habitants qu'on y remarque depuis quelques années et du manque de bras dont se plaint l'agriculture. Je ne veux point m'étendre sur les inconvénients qu'il entraîne : chacun les connaît pour les avoir éprouvés. Toutefois, je signalerai un de ses défauts qu'on n'a peut-être pas assez remarqué : c'est que cet impôt pèse également et d'une manière uniforme sur tous les citoyens, les plus pauvres comme les plus riches, ceux qui n'ont aucune propriété à défendre, comme ceux qui ont une grande fortune à protéger ; et par cette raison il n'est ni bien assis, ni équitable.

Le chiffre du contingent militaire est donc une de ces questions capitales sur lesquelles il importe que le corps électoral soit fixé et éclairé. Les candidats auront à nous faire connaître leur opinion à cet égard. Tenant compte, d'une part, des sacrifices qu'il exige des populations, de l'autre, des obligations qu'impose la défense du pays, ils devront nous déclarer, afin que chaque électeur puisse voter en connaissance de cause, le nombre d'hommes qu'ils croient nécessaire pour conserver à la France la haute position qu'elle occupe en Europe.

IV.

Lorsque l'on compare les budgets des dernières années du règne de Louis-Philippe aux budgets actuels, on est frappé de la différence. Les dépenses générales qui se soldaient par une somme de 1,600 millions s'élèvent aujourd'hui à 2,300 millions de francs. Cette augmentation est couverte pour la plus grande partie par une plus-value dans les recettes, c'est-à-dire que les impôts dont le chiffre de perception est resté le même rapportent cependant davantage. Toutefois cette plus value quoique considérable aurait été insuffisante, si on n'avait pas ajouté à cette ressource la création de contributions nouvelles, et surtout des emprunts sous toutes les formes.

Mais les emprunts sont un triste expédient pour solder des dépenses qui se reproduisent chaque année, et on comprend qu'un pareil système conduirait rapidement à la ruine et à la banqueroute. Cependant, il est certain que les dépenses surpassent presque chaque année les recettes normales du Trésor public, que le mal s'aggrave chaque jour, et qu'il est plus que temps de songer à l'arrêter.

Le remède en vérité est bien simple et à la portée de l'intelligence de tous ; il consiste à diminuer les dépenses ou à augmenter les recettes ; mais il paraît que l'application en est si difficile qu'elle ne s'est trouvée jusqu'ici à la portée de personne.

Ce n'est ni la place ni le moment de revenir sur des lieux communs cent fois rebattus, de s'élever contre les *prodigalités* du gouvernement, les *énormes traitements* des fonctionnaires, les *sinécures grassement payées*, les *sommes immenses absorbées stérilement* par l'armée et la marine; depuis nombre d'années ces sujets ont donné lieu à mille et mille tirades aussi éloquentes qu'elles ont été inutiles. Espérons que les candidats à la députation dans le département de Seine-et-Marne ne nous feront pas l'injure de reprendre ces armes rouillées, et de nous croire assez simples pour écouter encore ce langage suranné. Malgré tout ce qu'ils pourront dire et promettre, les dépenses de l'Etat ne diminueront point, nous le savons; nous sommes même certains qu'elles continueront à s'accroître plus ou moins rapidement. Ce n'est pas à une époque où l'armée est augmentée de deux cent mille hommes, où on crée la Garde mobile, où on construit dans tous nos chantiers des navires cuirassés, où on change l'armement de l'infanterie, où on fond des pièces de canon dont les boulets en acier pèsent jusqu'à deux cents kilogrammes, où chaque commune a soif de progrès et d'améliorations, où tous les chefs-lieux de canton réclament un chemin de fer et un télégraphe électrique, où on demande l'achèvement dans un court délai de tous les chemins vicinaux, où on établit partout des écoles, des cours, des bibliothèques, où chaque année, enfin, le Corps législatif vote des lois nouvelles qui presque toutes donnent lieu à de nouvelles dépenses, ce n'est pas à une pareille époque qu'il faut parler d'économies dans nos finances. Pour tout homme de bonne foi, il n'est qu'un moyen de sortir de la position de gêne et de déficit où nous nous trouvons, c'est d'augmenter les impôts.

Augmenter les impôts, voilà un mot que pas un de nos candidats n'osera, j'en suis sûr, prononcer devant les électeurs. Ils trouveront bien plus doux et plus profitable de promettre, selon l'usage, des dégrevements ou des économies impossibles, ou qui s'ils étaient réalisés arrêteraient l'essor et la prospérité de la France. Ils savent bien cependant que tous ces biens dont nous jouissons, ces progrès, cette civilisation que nos pères avaient à peine entrevue, ne s'obtiennent pas sans sacrifices et sans dépenses; qu'il faut de l'argent pour créer et entretenir les routes, pour construire les chemins de fer, les canaux, les monuments, pour bâtir les écoles et les églises, pour payer l'armée et la marine qui nous protègent, les agents qui nous administrent, les professeurs qui nous instruisent, et que les traitements qui donnaient jadis à nos fonctionnaires l'aisance et le comfort, suffisent à peine aujourd'hui à les préserver du besoin. Et cependant au lieu de dire la vérité aux électeurs, et de leur indiquer nettement les mesures financières qu'ils voteraient ou proposeraient s'ils étaient appelés à l'honneur de les représenter, ils préféreront, sans aucun doute, répéter quelques vaines et stériles déclamations, quelques critiques banales qui ne nous apprendront rien et n'apporteront au pays ni soulagements ni améliorations. Ils devraient se dire cependant que nous ne sommes plus des enfants qu'on berce par de belles promesses, ou des ignorants qu'on abuse avec des phrases sonores; nous savons aujourd'hui que le gouvernement n'est riche que de l'argent que nous versons dans ses caisses, et que pour en exiger beaucoup, il faut beaucoup lui donner. Personne ne voudrait renoncer aux avantages dont nous jouissons, sachons donc les payer le prix qu'ils coûtent.

Puisque nous n'avons, sous ce rapport, rien à espérer de nos candidats, je demanderai aux Electeurs, moi qui n'ai ni opinions à dissimuler, ni sentiments à feindre pour recueillir leurs suffrages, la permission de sortir pour un moment du rôle que je m'étais tracé, et d'exposer en peu de mots mes idées personnelles sur les moyens d'obtenir les sommes dont le pays a besoin, sans imposer de. nouvelles charges à ceux qui sont hors d'état de les supporter.

L'impôt a toujours été fort mal réparti en France; il est loin d'être proportionnel (1) ainsi que l'exigeraient l'équité et la justice. Autrefois il portait presque exclusivement sur le peuple; la noblesse et le clergé en étaient presque exempts; aujourd'hui il frappe sur les moins favorisés de la fortune, et ne prélève sur les plus riches qu'une légère contribution.

N'est-il pas évident que chacun payant l'impôt sur son revenu, celui qui par son travail, son industrie ou le produit de ses propriétés, arrive à se créer un revenu de cent mille francs, devrait payer à l'Etat cent fois plus que celui dont les revenus ou les gains ne s'élèvent qu'à mille francs? Ai-je besoin de dire qu'il est bien loin d'en être ainsi? Si nous consultons le budget, ce document qui énumère les recettes et les dépenses de l'Etat, des départements et des communes, c'est-à-dire tout ce que reçoit et tout ce que paie l'administration française depuis l'Empereur et ses ministres jusqu'au maire et son garde champêtre, nous voyons que les recettes du budget ordinaire, ou en d'autres termes, celles qui sont exclusivement employées à solder les dépenses ordinaires et obligatoires de l'Etat, s'élèvent à la somme de 1,700 millions. Sur cette somme, 108 millions proviennent de produits divers, 330 millions sont fournis par les contributions directes, et 1,262 millions par les contributions indirectes. Ainsi, ce sont les contributions indirectes qui acquittent les trois quarts des dépenses de l'Etat. Mais cet énorme impôt par qui est-il principalement supporté, de quelle manière est-il réparti? Examinons quels sont les éléments qui le composent. Faut-il parler des boissons dont le produit y figure pour 234 millions? Le vin de qualité inférieure paie exactement les mêmes droits que celui qui a une valeur infiniment plus considérable. S'agit-il du tabac dont le monopole est entre les mains du gouvernement et qui donne aujourd'hui 247 millions? La régie qui nous le vend gagne trois cents pour cent sur le tabac qui se fume dans la pipe de terre, elle ne gagne que trente pour cent sur le cigare de luxe, et plus ce dernier coûte cher, moins le bénéfice proportionnel est considérable. Ce triste principe de *demander beaucoup à celui qui a peu* est devenu pour ainsi dire la base de notre système financier. Tout ce qui est à l'usage de l'homme riche est frappé de faibles droits ; ces droits sont énormes sur tous les objets de consommation à l'usage des pauvres. Le sel, ce condiment indispensable

---

(1) L'impôt est proportionnel lorsqu'il est établi en proportion uniforme de la valeur de l'objet qu'il frappe. Il est progressif lorsque cette proportion augmente par rapport à la valeur de l'objet taxé. Ainsi, dans la supposition d'un impôt sur le revenu, soit deux individus, l'un ayant un revenu de 1,000 francs, l'autre un revenu de 5,000 francs ; avec l'impôt proportionnel si le premier paie une contribution de 10 francs, le second en paiera une de 50 francs. Avec l'impôt progressif, le second paierait une somme supérieure à 50 francs.

même aux plus nécessiteux, acquitte en impôt vingt fois sa valeur vénale, le sucre employé par les familles plus aisées n'est grevé que d'un droit égal à ce qu'il coûte au producteur, la truffe qui n'est servie que sur les tables opulentes ne paie aucune redevance à l'Etat.

Si nous prenons les droits d'enregistrement nous voyons le même phénomène se produire : les frais de mutation pour une petite propriété sont infiniment plus considérables que pour une propriété importante (1). Le papier timbré que le fisc nous impose ne paie pas davantage, soit que l'acte qu'il relate porte sur des millions, soit qu'il ne s'agisse que de quelques centaines de francs.

On le voit, depuis l'établissement des contributions indirectes que la révolution de 1789 avait abolies, qu'a rétablies Napoléon Ier, que la Restauration a conservées malgré des promesses formelles, et que l'Empire actuel a augmentées, l'impôt en France n'est plus proportionnel, il est progressif, et progressif sur le pauvre, puisque celui-ci, non seulement contribue, par le service militaire, exactement et dans la même proportion que le riche, à la défense nationale, au maintien de l'ordre et de la sécurité des personnes et des propriétés, mais encore puisqu'il verse au Trésor une somme d'argent proportionnellement plus considérable pour assurer ces avantages au pays. C'est le socialisme légalement organisé, car le socialisme, quels que soient sa forme et les noms particuliers qu'on lui donne, se réduit à cette formule : *Faire profiter la société tout entière du travail et de la fortune de quelques-uns.* En 1848, la France a repoussé énergiquement les hommes insensés ou criminels qui tentaient de lui imposer l'application générale de ces funestes doctrines ; comment donc en laisse-t-elle subsister l'application partielle dans sa législation ?

Il existe dans la manière dont les impôts sont assis bien d'autres anomalies aussi injustifiables. Je pourrais montrer par exemple le propriétaire foncier, l'agriculteur obligés de porter dans la caisse du percepteur une part considérable de leur revenu, tandis que l'industriel, l'officier public, le banquier, le capitaliste ne paient que des droits insignifiants ; mais je n'ai pas la prétention de faire un cours d'économie politique, je veux seulement rechercher le moyen de mettre en équilibre, le plus promptement possible, les recettes et les dépenses du pays, sans augmenter le poids écrasant que supporte la partie la moins riche de la population.

Cet équilibre, il est facile de l'obtenir sans bouleverser tout notre système financier, réforme toujours dangereuse alors même qu'elle semble juste et nécessaire · il suffit de créer de nouveaux impôts qui ne frapperont que les privilégiés assez habiles jusqu'ici pour s'être soustraits presque complétement aux charges communes.

Un essai de ce genre a été entrepris, il y a quelques années. Le gouvernement

---

(1) D'après le tableau publié par le Moniteur universel dans son numéro du 14 juillet dernier, les frais de vente d'immeubles par suite de saisies, licitations, successions, etc., se sont élevés à 113 francs par 100 francs pour les ventes dont le produit était inférieur à 500 fr. (c'est-à-dire que le montant des frais a dépassé la valeur des biens vendus) ; à 43 francs par 100 francs pour les ventes de 500 fr. à 1,000 fr.; à 25 fr. par 100 fr. pour les ventes de 1,000 fr. à 2,000 fr.; à 12 fr. par 100 fr. pour les ventes de 2,000 à 5,000 fr.; à 7 fr. par 100 fr. pour les ventes de 5,000 fr. à 10,000 fr.; à 1 fr. 78 c. par 100 fr. pour les ventes au-dessus de 10,000 fr.

avait essayé d'établir une contribution sur les chevaux et les voitures de luxe. Votée par le Corps législatif, la loi fut d'abord rejetée par le Sénat, puis enfin adoptée à une seconde présentation. Mais elle n'a pas été longtemps en vigueur. Cet impôt est aujourd'hui aboli, et chose inouïe ! conservé seulement à Paris comme redevance municipale, il n'est plus acquitté que par ceux qui n'ont ni voitures ni chevaux ! Oui, cette contribution, bien légère du reste, dont on a déchargé les chevaux et les équipages de luxe, a été maintenue, considérablement augmentée sur les omnibus et les voitures de place (1) où ne montent que ceux qui sont le moins en position de la payer. Voilà comment dans la France démocratique on entend l'égalité devant l'impôt.

Mais ce n'est pas quelques impôts de luxe timidement essayés, retirés même avant qu'ils n'aient régulièrement fonctionné, qui suffisent aujourd'hui à combler le déficit financier qui se reproduit et s'augmente sans cesse. Il faut aviser à des moyens plus énergiques pour rétablir les finances de la France. Ce moyen serait un impôt progressif sur le revenu.

L'impôt sur le revenu n'est pas une invention nouvelle ; il existe depuis longtemps en Angleterre où il a été établi pendant la guerre du premier. Empire, il existe en Suisse et aux Etats-Unis. Il a donc fait ses preuves dans les états les plus aristocratiques et dans les états les plus démocratiques du monde.

Dans ces différents pays, les citoyens viennent déclarer le chiffre de ce que leur a donné, dans le cours de l'année précédente, le produit de leur industrie, de leur travail, de leurs propriétés, de leurs capitaux. Nulle contrainte, nulle recherche n'est exercée ; l'administration s'en rapporte à leur bonne foi ; elle enregistre leur déclaration, et celle-ci sert de base à la contribution qu'ils ont à payer. Ainsi la perception de cet impôt ne donne lieu pour ainsi dire à aucuns frais, et elle ne soulève ni procès, ni discussions, ni difficultés.

Mais objectera-t-on, croyez-vous que cet impôt qui a si bien réussi dans d'autres pays, s'établisse aussi facilement en France ? Ne craignez-vous pas qu'il ne soit antipathique aux mœurs de la nation, qu'il ne donne lieu à des déclarations inexactes ou à des dissimulations frauduleuses ? A cela je répondrai que je ne connais pas d'impôt qui soit sympathique aux contribuables, et que je ne vois aucune raison de douter plutôt de l'honneur ou de la probité de mes concitoyens, que de celle des Américains, des Anglais et des Suisses.

Mais laissons-là les objections plus ou moins sérieuses qu'on peut élever sur le fonctionnement de cette nouvelle taxe, pour nous occuper de son principe, que beaucoup de personnes peut-être sont disposées à contester. J'ai dit qu'il fallait que l'impôt sur le revenu fût progressif, c'est-à-dire qu'il fût établi de manière à atteindre légèrement, ou complétement exonérer ceux dont le revenu est faible, pour frapper d'autant plus ceux dont le revenu est élevé ; voici mes motifs : J'ai montré plus haut que par la manière dont sont organisés les impôts indirects, moins le contribuable est aisé, plus il paie à l'Etat eu égard à sa fortune ; la nou-

---

(1) A Paris, la voiture de place, désignée généralement sous le nom de fiacre, acquitte, outre les impôts directs et les droits d'octroi, une contribution de un franc par jour ou 365 francs par an. La voiture dite omnibus, en sus des mêmes impôts, paie à la ville 2,000 francs par année.

velle contribution aura pour effet de faire cesser, en partie du moins, cette choquante iniquité. C'est par un impôt progressif que nous parviendrons à rendre l'Impôt véritablement proportionnel.

Ce que je propose du reste existe à Paris, et je ne veux nullement me donner le mérite de l'invention. L'impôt progressif y est établi depuis, longtemps sur une des quatre contributions directes qu'on appelle la contribution mobilière, et voici, comme preuve de ce que j'avance, la copie exacte de l'avertissement envoyé par le percepteur aux contribuables.

Loyers au-dessous de 250 francs......................... exempts.
Loyers de 250 fr. à 499 fr. paient..................... 3 0/0
Loyers de 500 fr. à 999 fr............................ 5 0/0
Loyers de 1,000 fr. à 1,499 fr....................... 7 0/0
Loyers de 1,500 fr. et au-dessus..................... 9 0/0

Tel est l'impôt progressif sur les loyers, tel est le modèle sur lequel devrait être établi l'impôt progressif sur le revenu.

Celui dont le gain ou le revenu resterait au-dessous d'un certain chiffre serait exempt de tout droit, tandis que ceux dont les gains ou les revenus dépassent 2,000, 5,000, 10,000, 100,000, 1,000,000 de francs etc., (je ne prends ces nombres que comme exemple), paieraient 3, 5, 7, 9 pour cent, etc... de leur revenu annuel.

Personne à Paris n'a jamais songé à se plaindre de cette progression dans l'impôt. Les Parisiens comprennent en effet que les recettes de leur ville, se composant en grande partie du produit des octrois, et l'octroi, qui n'est qu'une contribution indirecte, frappant sur les pauvres dans une proportion bien plus forte que sur les riches, il était d'une rigoureuse justice d'indemniser les premiers d'une manière quelconque. Hé bien ! la position des habitants de la France, par rapport aux contributions indirectes perçues par l'Etat, n'est-elle pas exactement la même que celle des habitants de Paris, par rapport à l'octroi perçu par la ville ? Pourquoi donc ne pas appliquer partout le même principe ? Pourquoi, puisque les impôts actuels ne suffisent pas, puisque le pays a besoin de nouvelles ressources, ne pas les demander à ceux qui n'ont pas été atteints jusqu'à ce jour ? Ce ne sera que la réparation d'une longue injustice.

Telles sont sur cette question les réflexions que je me permets de soumettre aux électeurs. Je les résume en quelques mots: Les recettes du Trésor ne suffisent pas à couvrir ses dépenses. Il n'y a pas lieu d'espérer que celles-ci diminuent. On ne peut rester indéfiniment dans cette situation, et les emprunts périodiques ne sont pas un moyen d'en sortir. En conséquence il faut augmenter les impôts existants, ou en créer d'autres. On ne peut songer à augmenter les contributions indirectes qui constituent déjà les trois quarts de la recette du budget ordinaire, et qui, atteignant à peine les classes riches, frappent le contribuable en proportion inverse de ses moyens Les contributions directes, accrues des centimes additionnels votés par les départements et les communes, semblent avoir atteint le maximum de la charge que le pays peut supporter. Il est donc indispensable d'instituer un nouvel impôt auquel ne sera pas soumise la classe la plus nombreuse et la moins aisée, afin de rétablir l'équilibre rompu à son détriment.

V.

Parmi toutes les questions qui se présentent au moment du renouvellement du Corps législatif, celles que j'ai choisies m'ont paru mériter un examen refléchi et sérieux de la part des électeurs. Il en est une foule d'autres qui n'échapperont pas à leur intelligence et à leur sagacité, mais que je ne puis traiter ici, car ce serait allonger indéfiniment ces pages déjà trop longues. Mon seul but a été, comme je l'ai déjà dit, d'appeler l'attention de mes concitoyens sur le scrutin qui va s'ouvrir. Certes le choix sera difficile ! Dans la confusion et les brigues qui vont se produire, les promesses de toutes sortes, les dons intéressés ne manqueront pas ; nos murs vont se couvrir d'affiches de toutes couleurs, nous allons être inondés de circulaires ; le candidat présenté ou appuyé par l'administration nous vantera son indépendance, les plus hostiles au gouvernement parleront de leur attachement à nos institutions, et chercheront à nous prouver que ce n'est qu'en les ébranlant qu'on arrivera à les consolider. Heureusement que depuis l'établissement du suffrage universel, le progrès et l'instruction ont pénétré dans la masse des électeurs. Au milieu des nombreux compétiteurs qui vont se mettre sur les rangs, ils sauront discerner celui qui par sa position, les services rendus au pays, la capacité dont il a fait preuve leur paraîtra le plus propre à les représenter fidèlement ; celui qui par son talent de bien dire, son habitude de la parole leur semblera le plus capable de défendre leurs intérêts et de faire triompher leurs vœux et leurs opinions ; celui enfin dont ils peuvent espérer que le vote sera toujours en accord complet avec celui qu'ils auraient donné eux-mêmes, si la loi ou la mesure sur laquelle il aura eu à se prononcer , avait été soumise à leur appréciation.

Les Bouleaux, juillet 1868.